꽃처럼

이 화 자 시 집

꽃처럼

이화자 지음

바람아
꽃샘바람아
팔십 노구
아린 가슴에까지
파고들지 말어라

저희 어머니는 1945년 해방둥이로 여수에서 태어나셨습니다.
여순 10·19 사건으로 일찍 아버지를 여의고 그리움을 간직한 채 홀어머니와 조부모님 손에 어린 시절을 보냈습니다.
학창 시절 문학소녀로 시와 소설에 대한 꿈을 가지고 열심히 쓰고 고치기를 반복했다 합니다. 국어 선생님의 도움으로 등단할 뻔하기도 했지만 집안의 반대와 조혼으로 꿈을 접고 살았습니다. 평생을 꽃시장에서 꽃과 함께 생활하셨고 은퇴 후 아버지와 함께 강원도 진부령고개에서 머루 농사를 짓고 틈틈이 시를 쓰고 정원을 가꾸며 전원생활을 하고 있습니다.

그동안 써오신 시들을 모아 시집《꽃처럼》을 만들게
되었습니다.
어머니의 삶과 숨결 미처 읽지 못한 생각들을 알게
된 좋은 기회였다고 생각합니다. 사랑합니다.

목차

봄바람	10	작약꽃	31
시	11	초대	32
님	12	아픈 꿈	34
우리 할매	14	운명	36
긴 겨울 끝에	16	과꽃	38
사랑	17	행복	39
내 짝꿍	18	사랑님	40
저녁나절	20	그냥	42
님 2	21	안개꽃	44
겨울님	22	가을 나그네	46
된장	24	시를 읽습니다	48
어느 봄날	26	세월	50
떠날 땐	28	사랑해서	52
식은 커피	30	불청객	54

커피	56
가을	57
나는	58
나무 그늘	60
엄마는	62
신작로 길	64
내 강아지	65
외로운 여행	66
친구	67
여든 해 꽃	68
꽃	70
하직 인사	71
나그네	72
시하	74
주하	76
눈밭	77
자연	78
아들	79
나그네 2	80
님 3	82
겨울 손님	83
당신	84
봄이 오는 비	86
별들	87
전화	88
소녀	89
나그네 3	90
구월	92

집 떠난 놈	94	손자놈께	113
유월이 오면	95	에미	114
사랑 2	96	새봄	115
내게 얘기해 보는 날	97	어느 날	116
그리고 나	98	할머니	118
자연 2	100	봄바람 2	119
님 4	102	바람과 나	120
자연 3	103	강원도 산골짝	122
딸내미들	104	채비	124
너희들	105	김장	126
일거리	106	좋은 세상	127
꽃처럼	108	사랑 3	128
첫봄 소식	110	사월이 되면	130
친구 2	111	할머니 2	132
동짓날	112	그래도	133

강원도 할매	134	갈 수 없는 날	160
철물점 아재	136	권력	161
님 5	138	고운 꽃잎	162
반가워서	140	행복한 할머니	164
추석날	141	정분	166
좋은 날	142	2024년 8월	167
자연 4	144	노인의 일상	168
이별	145	이름 없는 날	170
손자놈	146	초여름	171
꿈	148	찔레꽃	172
겨울 이야기	150	친구 3	174
인연	152	옛일	175
겁쟁이	154	그리움	176
진부령	156	엄마는 2	178
진부령로	158		

봄바람

바람아
꽃샘바람아
팔십 노구
아린 가슴에까지
파고들지 말어라

애달픈 허리
피지 못하고
시린 정갱이 힘들어진다

바람아
꽃샘바람아
목련까지 반가워
못내 행복하지만
이슬 젖은 장미 가지
서러워 한숨짓누나

시

밤새울 것처럼
한 편의 시를 읽는다
헤도 헤도
헤아려지지 않던
어둡고 슬픈 시를 읽는다

그리움이
닿지 못했을까

님

토방 끝
처마 밭고랑에
상추 심고
아욱 심고 가지도 심고

햇살 뜨거운 여름날
마루 끝에 앉아

임하고 겸상해서
된장에 상추쌈
소박한 내 사랑
그리운 임아

바람님
구름님
어디메쯤에서

임의 기별을 만날꺼나

우리 할매

풍파에
몹쓸 서리 내리던
날에도
하얀 사발에 물 한 그릇

장독 위에
정지깐 부뜨막에도
하얀 사발에 물 한 그릇

어스름 첫 새벽녘
두 손 닳도록 빌고 빌던
우리 할매

천지간에 신명님은
못 들었을지?

애달픈 삼백육십 날
그도
아쉽던 임
울다 울다 가셨지

긴 겨울 끝에

바람의 눈짓이
수줍은 듯
아주 작은
정말
조그마한 풀잎이
소롯이
조심조심 오른다
긴 겨울
무디고 무겁던 대지 위로
봄이구나
작은 풀잎

사랑

청순한 꽃님들처럼

홀로 생각하고
홀로 쓸쓸하고
홀로 슬프면서

그런대로
그대로
사랑님에 취하고 싶다

머언 언덕 위
아지랑이처럼이나
티 없이 해맑게
청순한
꽃님들처럼이나

내 짝꿍

내 짝꿍
아름답던 시절은
지나갔네

어여뻤던 갈래머리
내 짝꿍
어여
칠팔십 년이
금세
지나갔네

이름은 잊었나
그리움도 잊었나
꾹꾹
눌러온 세월
겨웁도록

보고잡은 내 짝꿍

저녁나절

굽은 허리
지팽이에 의지하고
호롱불
군데군데 달아두네
내 아들
잘 찾아오라고

나뭇가지 그늘에
행여
달님이 못 볼라
조심조심 오거라

에미 가슴에도
호롱불 달고
이제 저제나
조심조심 오거라

님 2

구름처럼
바람 멍에
어깨에 멘 체
길 따라 떠나던 그 사람

그리 서둘지 마시오
그리 서둘지 마오

풀잎에 적셔오던
빗님의 소리

꽃잎이 지오
꽃잎이 지오

겨울님

겨울나기가 깊어졌소
춥다
한사코 나무들은 순을 틔운다

바람은 억세고
아직은
동지섣달

한사코 나무들은 순을 틔운다
목련 가지도
라일락 가지도

봄은 여태도 멀지만
가느른 가지에
세월의 성화
매화 순 가지에도

아서라 아서라

바람은 아직도 아직도
엄동설한인걸

된장

짭짤하고
쌉싸름한 궁둥네
달빛도 햇살도
숭내 못 내는
투박하고 고소했던
깊은 맛을
내 몸이 기억한다

청국장 담글 때도
된장 담글 때도
우리 엄마 하던 대로
내 몸이 기억한다

시월에서
동지섣달이 돼오면
으레 물에 콩 담그고

가마솥 부지깽이
눈물 쏟고

우리 엄마 하던 대로
마당 장독대
윤깔나게 닦아 놓고

어느 봄날

봄날
뜨락에 핀 꽃님들!
구름 뒤에
숨었던 이슬비님들!

순결한
소녀들의 웃음처럼
사랑 찾고 있었나요

사랑은 숨었던가요?

사랑은
사랑 찾아오죠

화사한 행복이
나들이

하러 오시나 봐요
사랑님!

떠날 땐

여름의 끝자락
또
한 계절이 가누나

주렁주렁
머루에
갈색빛이 들 때면

오렌지빛
꽈리가
줄줄이 곱다

처마 끝
조롱박은 재롱재롱

여름은 가야 하는 거라고

굳이 여름은 가야 한다고…

식은 커피

지금 나는
행복한 정원에서
나만 쫓겨났나

외로운 겨울날
지난여름
봄도 잊은 채
오들오들 서러워서

속앓이했던
슬펐던 외로움
꽃바람도
외면하고

지금 나는
식은 커피가 친구라네

작약꽃

새벽이슬에
작약꽃
곱게 피어오르네

밤새 내렸을 이슬에
꽃잎은
더
생기 오르고

두근대는 심장 소리
이 아침에
뜨락에 꽃님들
모두 손사래 치며
법석이네

초대

내 작은 정원에
그대
발자욱 소리도 없이
사뿐히
찾아오시렵니까?

천상의 아름다움일랑
그저
가-아-만
그지없이 조용하게
다가와 보시렵니까

그대의 귓전에
속삭이듯
감겨드는 작은 몸짓
기꺼이 여기소서

꽃샘바람 지날 적에
곱디고운
꽃 송이송이
정성을 다한 꽃님들

한 아름
그대 안에 가득 담겨
드리리다

아픈 꿈

깊이 담아 뒀던
나의 꿈

돌아선 채
서성이던
아픔 내 기다림

먹구름 가득한
하늘 한 번 보며
전쟁 같은 시장 한무릎

차마
닳도록 드린 아픈 내 정성
내 무릎 안에
생글생글 자식새끼들

햇살도 가득한
나의 하늘
해 저문 토방 끝에
석양은 머문다

운명

처음
만났을 때
당신은
내가 이뻤나요

얼마큼이나
이뻤나요
설레는 가슴도 아팠나요

찢기듯이 울렁이는
마음에
커다란 돌덩이 하나
얹었나요

당신은 왜 내게 반했나요
내게서

어떤 향기가
당신 맘에 들었나요

지나갈 뿐입니다
그저
지나갈 뿐이랍니다

과꽃

정원 돌 틈 사이
함초롬히
고개 내미는
과꽃 송이들

산골 아낙처럼
세상 하늘
첨 보듯이

고운 눈
높이 뜨고
소박하게 웃고 있는
과꽃 송이들
수줍어서 수줍어서
웃음만 웃고 있는
과꽃 송이들

행복

아직도
내가 해야 할 일이
남아 있다니
행복하지요

아직도
내가 피어야 할
꽃이 기다린다니
즐겁지요

내 정성
내 사랑
내게로 피어오는 꽃님들
난 행복하겠죠

사랑님

애써 보내도
또 오는
머언 하늘 기러기 소리
이제
다시 보내야 함이
어디 그리 쉬운가

계절은
숩게도 찾아오지만
잊히지 않은
가슴 아린 사랑님

부질 없는 하늘
하이얀
구름송이들
또 봐도 또 봐도

이를 데 없지
가슴 아린 사랑님

돌아서면
또
앞서 오는
솔바람 소리
가지마다
스쳐오는 나무들 소리

이내 사랑님
어디 그리 쉬운가
잊히지 않은
가슴 아린 사랑님

그냥

그냥 사랑해서
사랑했노라고 하여 주세요

내가 필요한 사람이어서였다고
하지 마세요

너무 외로워서였다고도
하지 마세요

그냥 사랑해서
사랑했노라고 하여 주세요

내가 피운 꽃이
하도 고와서였다고도
하지 마세요

쏟아질 듯한 별들이
하늘 가득해
너무 예뻐서였다고도
하지 마세요

그냥
그냥 사랑해서
사랑해서
사랑했노라고
하여 주세요

안개꽃

바람에도 젖고
이슬에도 젖고

허리 동여맨 풀잎 가르고
한편에
모으듯이 피고 있는
어여쁘디어여쁜
하얀 안개꽃

그믐밤
달빛마냥
소복해서
슬픈 눈시울처럼

이를 데 없이
곱디고운

너의 꽃
하얀 안개꽃

가을 나그네

토방 앞에
서보면 산자락에
타오르듯
붉어진 가을 잎새

어느 즈음
고향 산천에
기억했던 멀기만 한
석양

어스름했던 산그림자
드리우고
하늘 구름 불러
마당 가득 가을 잎새

코끝에 스며들듯

나그네 내음새

가을은 어느새
소리 없이
하늘 돌아 돌아
가나 보다
가을 나그네

시를 읽습니다

시집을 펴고
나는 시를 읽습니다

하늘은 조금
어두워졌지만
나는 시를 읽습니다

추운 날
담요를 덮고
창가에 앉아서

아름다운 세상으로
산책을 갑니다

숲속의
좁은 길섶엔

이름도 모를 풀꽃들

계곡을 건널 때는
손을 잡아주는
그이도 만납니다

큰 소나무가 있고
쉬어가기 편한
바위 위에 앉아

부드러운 내 입술에
입 맞추어 주던
그 느낌대로
그이 생각도 합니다

오래도록 창가에 앉아
나는
시를 읽습니다

세월

가는 세월은
마당 소나무 옆에
매어두고

오늘은
도토리묵이나 쑤어 볼까나

엊그제 따놓은
늙은 호박
죽이나 쑤어 겸상하고

옛 얘기 영감님
주름 속에 묻어 둘까
마주 보고 웃던 웃음

산까치가 돌아보네

산까치가 돌아보네

사랑해서

열무잎도 따고
달래도 캐고
여차하믄 사랑 한 번
더 담아서
딸자식께 보낼까

흙이 묻지 않게
얌전히 솎아서
정성도 한 움큼
그리움도
수북하게
며느리에게 보내보자

즐겁기 그지없는데
등싸대기는
왜 이리 아플꼬

그리워서 속앓이 난 게지

불청객

불청객이면 어쩔꼬
이룰 것 없는
석양 하늘 아래

외로운 솟대처럼
갈 곳을 잃어버르믄
어쩔꼬
불청객이면 어쩔꼬

내가 청산 가서
머리 곱게 단장하고

가슴 무지 아팠던 것
다 잊어불고
소리 내어 목 놓아
울어보자

울어 울어
또 울어보자

커피

홀로 있노라믄
커피 내음새
차암
간절하네

가제도 치워보고
마루도
닦아보고

창밖에 느릅나무
눈웃음

커피 향 그윽해서
그래서 그래서
우리는
호젓하다네

가을

가을은 그여
오고 만다
아침결엔 바람도 춥다

문득
돌아봐도
아무도 없다

세월 막는 장사가
있었으면 좋겠다

나는

나는 그리
복잡한 사람이
아닙니다
순 내 생각으로만

달빛이
휘영청 밤이면
마음은
그리움 속에 사무치죠

통나무 통에
기대보믄
어릴 적 소낙비 생각도 하죠

창에 비쳐오는 햇살을 보며
아침의

노래도 합니다

찾아올 이 없긴 하지만
따스한 차를 끓이고
아름다운
사색을 준비하기도 한답니다

나무 그늘

마당 저쪽
자작나무 밑에
바윗돌이
서로 마주하고 있었지

그는 그쪽에
나는 이쪽에
지붕 위로 쑥
자란 나무들 보며

자잘한 얘기
애간장 녹던 집안 얘기
돌아올 수 없는
하늘 얘기

꽁꽁 숨겼던

용기 없던 얘기

머언 얘기들
못다 한 얘기는 더 많았지

엄마는

엄마는
언제일 듯
모두 떠나보내는 법
배워둬야 해

엄마 가슴도 넓어야 해

가을 추수 끝난
들녘처럼
철새 따라 모두 떠난
철 지난 해변처럼

억장에
묻히어 오는
깊은 한숨은
그냥

모른척해야 해

엄마는
그래도 사랑이니까

신작로 길

흙먼지
뿌연 자갈길 위
터덜거리며
달리던 버스들
고향 가던
신작로 길 아득했던 기억

철없는 내 동생
이쁜 옷
또 보고 또 보고
팔랑거리며 뛰던
신작로 길
그립디그립다

내 강아지

꽃순아
너도 마음이 있더냐
너도 가슴이 있더냐

외롭기도 하고
슬프기도 했었니
가슴은 얼마나 아팠니

댕그랗게 까만 눈으로
무얼 얘기하고 싶은지
할미 사랑해
할미 사랑해
앞서거니 뒤서거니
재잘재잘
멍멍

외로운 여행

추석날 아침
외로운 할머니가
외로운 딸에게
전화를 한다

꽃같이 어여쁜 내 딸
슬픈 고뇌
외로운 눈짓이랑

사랑은 무겁고
삶은 더 무겁고

행운의 더딘 걸음
기다리면
올까나

친구

하마
석양이 지고
어둠이
대지를 덮을 때도
나는
그 친구를 만나고 싶다

난로 앞에
장작불 피우고
나를
기다릴 것 같은
친구
오래오래 만나고 싶다

여든 해 꽃

내게 당신은
꽃이었습니다
내가 사모하는
나의 그대는 꽃입니다

세상에
둘도 없는 아름다운 꽃
그대는 꽃입니다

소담하고
어여쁘고
향기롭고
사랑스럽고

우리는 아름답고
행복한 꽃입니다

여든 해 지내도
그냥 꽃입니다

꽃

꽃이 좋아
꽃들이랑 삽니다
계절의 절기도
용케 잊지 않고
이쁘게 이쁘게
피어줍니다

이름을 불러주면
방싯
사랑인 줄 금방 압니다

꽃이 좋아
같이 같이 삽니다

하직 인사

잘 익어서
꽤나 영글었는데 꼴까닥하라네
어느 신부님의 고변, 명언

풀숲의 이슬처럼
사라진 인연들
그러기
제행무상이라는가
아니믄 말자

내 열매가
아무리 고운들
시대는 가고 말지
하늘의 뜻일까
나의 인사일까

나그네

달 밝은 밤엔
달님이 나를 보고
놀아보자 하고

햇빛이 밝은 날엔
구름도 바람도
벗을 하자 하니

산속에 호젓이
꽃 속에
묻혀 살았듯

시 읊고
새들 노래하듯 그만
한량이 되었구려

이냥저냥
청산에 별도 따보자
어정
하늘 멀어 쉬어도 보자

시하

별님처럼
어여쁜 우리 손녀딸

노란 꽃잎 위에
사뿐히 앉아
구슬처럼 방글방글

별님 속으로
해님이 숨어버렸나 봐

노을빛 고운 날
시하가 할미 귓전에 속삭인다

풀숲에 노닐던 이슬 같은
우리 시하
춤추듯이 내려온

할미의
천사인 게다

주하

나비처럼
날아서 어디로 갔을까

바람처럼
할미 무릎에 앉았네

반짝반짝
별 같은 우리 아기

앙증맞은
주먹손으로 할미 가슴
자꾸자꾸 두드리네
사랑하여라
사랑하여라

눈밭

눈송이 밭에
눈이 내리네
목화솜 휘날리듯이
소리 없이 펑펑

하늘 문이라도 열렸나
동화 속
공주님 시집가는 날

삽쟁이 가지 꺾어
길 닦아 설원이 되고
눈송이 너울
곱게 곱게 머리에 쓰고
낭군님 따라
시집가는 날
눈송이 밭에 눈이 내리네

자연

원시림의 자연스러운
숲속의 모습을
내 정원에 꾸리고 싶다

바위와 나무들
자잘한 자갈 옆에
핀 꽃님들

시원하고
멋진 풍경이
아름다운 바람의 빛으로

내 하얀 셔츠에
스미듯이
잠겨올 것 같다

아들

노상 아들은
그리운 게다
또래의 젊은이만 봐도
반갑다

다가가 보고
얘기도 하고
웃기도 한다
노상 아들은 그립다

나그네 2

그림 속의
수채화처럼
하늘빛이
너무 맑아서

구름 빛이 너무 고와서
어디로든
그들 따라 떠나고 싶습니다

누군가
내게 오지 않아도

날 사랑해 주지 않아도
해님은
따스합니다

하늘빛도
구름빛도

그림 속의 수채화처럼
아름답습니다

외로운 나도
어디로든 그들 따라
떠나고 싶습니다
그림 속의
나그네가 되고 싶습니다

님 3

까닭 없이
웬일인지 설레는 기분
한낮에 찾아왔던
낭랑한
산까치 소리

행여 기다리나
필시 너도 그랬구나
까맣게
잊어버린 임

겨울 손님

창밖의
겨울 손님이
첫눈을 모셔 오려나

구름 따라 나온
바람이 쌩
그냥 지나려나

기별은 없으려나

당신

당신이 좋습니다
살그마니 바라봐 주던
시름 깊은
내 눈 속에
설움도 아픔도

다아 다듬어 줄 것 같은
당신이 좋습니다

하마 잊을뻔한 세월
따스했던 차 한 잔

나는 당신이 좋습니다
그리움은
많을수록 가슴 저리지만

외로울 때는 그리움도
위로가 되죠

당신 생각에
당신이 좋습니다

봄이 오는 비

봄에 오는 비
촉촉하죠

생명
생동
자연이 태동

심심산천에
모두 모두 봄을 맞이하죠
시린 겨울 엄동 설경

이 봄에
내리는 비
모두 반겨주죠

별들

우리 뜨락에
예쁜 친구들이 많아서
온 우주의 별들이
놀러오죠

별들의 나들이
아름다운 우리 뜨락에
귀빈들이죠

꿈이 많은 정원이죠
친구 많은 뜨락이죠

전화

문득
전화 소리
그이인가!
어이없는 내 착각에
창밖을 보네

소녀

겹도록 아팠을
울 밑에 봉선화
소녀야
어두운 하늘은
꼭
지나가는 거라고

나그네 3

구름 돌던 나그네
하늘 돌던 바람 나그네

등에 짐
베개 삼아 누워보나
모두 모두 부질없는 허허일세

천 냥 빚도 그냥
서푼도 안 되는 이내 몸도
하늘 아래 부질없네

무언가?
사랑도 미움도 무언가

오랄 곳 없지만
갈 곳은 많으니

바람 나그네 구름 나그네

구월

구월의 아침
서늘해진 이른 아침부터 토방에 서본다
구월의 해맑은 바람들
너무 반가워한다
새들의 지저귐도 귀청에 낭랑하고
뜨락에도
청순하기 그지없는 아름다운 꽃들
보라색이 층층 꽃 하얀 취나물 꽃
그리고 바늘꽃의 화사함까지
국화 향기 그윽하고
소나무들의 우아한 모습까지
행복한 구월의 아침은
누추한 노친까지 반겨주나
세상 섭리 모두 가진 듯
별안간에 서운할 것 하나 없는
부자 노친이 된 듯하다

차암 좋은 구월의 아침이다

집 떠난 놈

오늘 하루만이라도
무사하고 편안하길

얼마나 모진 세월
가슴 시린
엄동설한 눈밭이었을지

오늘 하루만이라도
무사하고
편안하길
비나이다 비나이다

유월이 오면

꽃피고 하늘 맑은
유월이 오면

먼 길 떠난 나그네 같은
나의 벗들

바람처럼 찾아와 줄
나의 임께도

꽃피고 하늘 맑은
유월이 오면
나는 기다린다네

사랑 2

사랑은
샘물 같아서
퍼내도 퍼내도
가슴으로 오죠

사랑은
알 수 없는 미로죠
사랑은 사랑은
알 수 없는 미로죠

내게 얘기해 보는 날

세상 공부를 내가 얼마큼 했는지?
내게 지어진 형편 따라 그나마도
허겁지겁 살았으니
글공부도 제대로 못 했고
세상 공부도 제대로 눈여겨 못 보고도
자식 낳아 기르고 공부도 시켰겠지
얼마나 못나고 형편없는 부모였을지
부끄럽다 비로소 부끄럽고 미안하고
침묵일 수밖에 에미의 속내도 부끄러워서
미안할 뿐
아무리 눈 씻고 돌아봐도 보이지 않던
짧고도 모자란 내 식견으로
에미 노릇 했으니 가엾은 내 자식들
미안하고 고마울 뿐이다

그리고 나

너는 못 하겠지만
나는 할 수 있지

너의 포부는 하늘 같겠지만
나는
그만 작은 산골 아래
아주 작게 조용하지

내 의미랑은
아주 낡고 누추하지
어차피 생은 한 번뿐

세상에 촛불 모두 켜놓고
설혹
비유되는 내 작은 의지일 뿐이겠지만
그건

내 우주
그건 내 생명, 소망

자연 2

십이월 겨울이 쉬이 다가오는 듯
늦은 가을 꽃씨를 심기 위해
밭에 나가서 헤집다 보니 나보다 더 늦은
달래 식구들을 만났다
어제도 기온은 영하고 떨어지고 있었는데
놀랠 만큼 흙 속의 온기는 아직 훈훈하다
추워서 솜옷을 껴입고
장갑 끼고 호미를 들고 나왔는데
땅 밑의 흙의 온기는 신기하다
목단꽃 순은 말그레 튀어나왔고
라일락잎 순도 모두 가지마다 틔었다
낙엽은 져서 마당에 구르고
초겨울 바람은 매서운데
땅속이 흙은 아직 온기를 품고
준비 못 한 식물들을 품어주고 있다
봄은 아직도 멀고

동짓달 지나고 섣달도 안 왔는데
작은 식물들 어쩌려고
저리 서두나
유난히도
추운 겨울 어떻게 견디려고
애달픈 꽃 순을 먼저 틔우고
염려 염려
어떻게 품어 주려나

님 4

돌아보지 마소서
임이여

바라보던 그 눈빛
이제 잊었습니다

달빛 속에 숨었던
하직 인사
바람결도 잊었습니다

나는 더는 못 갑니다
아픔 응어리

임이여
돌아보지 마소서

자연 3

새벽안개
뽀얗게 나무 그림자

어스름 물기 가득한
잿빛의 아름다움
향기로운
첫새벽 아침 날

이른 아침
계곡의 물안개
첫새벽의 날
차고 시원하고
봄날은 이렇게 오나 보다

딸내미들

하얗게 웃던 너
돌처럼 굳어진 내 머릿속으로
자취처럼 안겨 오던
너의 하얀 웃음

부시듯이 화사했지
물기 가득한 너의 눈시울
젖은 듯
내 가슴에 젖어왔지
어여쁜
내 딸내미들

어떤 인연으로 내게 안겼을까

너희들

훌륭한 인격도
베풀 수 있는 재물도
존경할 수 있는
너그러움도

나는 가진 게 없구나
너희들에게 줄 수 있는 것
세상에서
제일 귀한 것
사랑
그리고 또 사랑이라는 것뿐

일거리

천 평쯤 되는 작은 밭떼기가 있는데
혼자 가꾸기엔 버겁다
이 마을 아낙들에겐 전혀 문제될 게 없는
일거리인데 무실한 내 체력으로는
여간 힘든 게 아니다
칠십에서 중반도 넘어선 내 나이 탓도
있겠지만 그래도
나무 심고 꽃을 심고 정원을 꾸리고
채소도 가꿔보니 재미가 쏠쏠하다
없던 기운도 생기고 밥맛도 좋다
굳이 큰 목표와 꿈이 아니드래도
살아야 할 힘도 생기고
외로운 것도 그리움도 잊을 수 있어진다
매화 금낭화 베롱나무 꽃
야생화 종류들
생명력이 강해서 번식도 잘한다

아주 작은 야생화들도 그 추운 겨울을
버텨내고 이쁘게 꽃을 피운다
자연에서 이 뜨락에서 그 잔잔한
행복에서 내가 늙어도 좋을 듯싶다

꽃처럼

잎새에도
나비는
입맞춤하고

꽃님들
꽃바람에 나부끼고

하늘 저쯤
어여쁜 구름송이들

바람도 한 줌
후루룩 불어 보노니

하늘 아래
모두 모두 눈부셔라

꽃처럼 꽃처럼
어여뻐라

첫봄 소식

온 산야가
이 아침에 불현듯
하얀 눈 속에
묻혀졌습니다

키 큰 소나무도
흠뻑 눈송이에 씌었습니다

시리도록 하얀 풍경
첫봄에 웬 축복이랍니까
놀랬죠 꽃순이랑 나랑
꼭 누구에게든 전하고 싶었습니다

콧등이 찡하도록
맑은 이 아침에
글을 씁니다

친구 2

어쨌거나 그여서
즐거웠지요

남 이사 친구 따라
강남에도 갑니다

친구여서 좋고
너여서 지극히 다정했던
친구
사랑해서 행복했지
내 친구야

동짓날

엄동설한 동짓날에
해님이
우릴 불러주네

꽃순이랑 토방 끝에 앉아
호사를 누리는구나

해님이 어여쁘네
대추나무 옆 바윗돌도 이쁘다
이 추운 날
집 나간 식구는 어쩔꼬

손자놈께

손자놈께
청을 드리겠습니다

천억 개도 넘는다는
저 하늘 별들의 얘기
해주고 싶습니다

밤마다
속삭이는 별들의 사랑 얘기
할미는 알고 있지요

오줌 뉘고 똥구 닦고
사랑스럽던
손자놈
엄청 보고 싶습니다

에미

하늘 아래
바람 잘 날 하나 없던 내내

품어도 품어도
모자라기만 하던 내 날갯짓
슬픈 내 가슴앓이

가지 많은 나무
바람에 상처
사랑하고 애달퍼서
몰래몰래 울지요

새봄

새봄이
내게 또 온다면
제일 먼저
솔바람 가득한 언덕에 올라
맑은 마음을 찾겠습니다

내게
새봄이 또 온다면
잔설의 깊은 침묵
깊은 그리움도
찾겠습니다

풋풋한 향기 가득한 정원에
아름다운 꽃잎
피우겠습니다

어느 날

간밤에
꿈일지언정 설레던 기별이
임이었을까

나무 자락 흔들고 가는
바람님이었을까

잠시
세상 풍우도 접고
책갈피도 덮고
무심하게
창 너머 풍경을 보네

은은히 스며오는
향기로운 찻잔
마음 안에 그윽해지리

세월은 야속해

할머니

밥을 먹었는데
배고프다

우거짓국에 말아서
맛있게
먹었는데 금세
배고프다

가슴도 고프다
아는 게 없는데
기다릴 것도 없는데
왜 허허로울까

봄바람 2

찾아올 일 없는
이 산간
이른 봄날에

풀더미에 앉아
냉이도 캐고
쑥도 캐고

상큼한
내 적삼에
하늘 바람 불어오네

바람과 나

언덕 위
나무숲에
바람들이 살고 있다

산그림자 곁에
하늬바람
마파람 소리들

가지마다 스미듯이 스쳐오는
숲속의 향내

돌 마루 끝에 앉은 나도
그들처럼
솔바람이 되고 있다

내 안의 우수

내 안의 풍경들
나도 그들처럼
숲속의 바람이 되고 있다

강원도 산골짝

골짝 골짝
강원도 산골짝

봄일랑
복사꽃 살구꽃

가을일랑
노랗고 빨갛고
이쁜 단풍잎들
지천으로 피고 또 피고

정겹고
농사 잘 짓는 마을 식구들

보리밥 새참에
술 한잔이면

신선이 따로 없다네
강원도 산골짝

채비

세월지고 가는 이
잠시 쉬어보소

나설 채비는 되었는지
한세월
모두 사랑했는지

못다 한 일들이 아직
나를 바라보는데

세월지고 가는 이
잠시 쉬어보소

개똥밭에 굴러도
이승이 좋다지 않소
부디

잠시 쉬어보소

김장

김장 끝내고 나니
겨울 농사
다 한 듯싶다

이 집 저 집
나눠주니
할 일도 끝난 듯싶다

뉘라서
무얼 또 탐할까
이리
넉넉한데

좋은 세상

막걸리 한 잔
썩 좋구나

나물 먹고
물 마시고

팔 베고 누웠으니
세상 두루
거칠 것이 없네

막걸리 한 잔이면
썩 좋구나

사랑 3

옛날 옛날
우리 엄마 아부지
첫날밤 얘기

몇 날 몇 밤을
지나도
바로 보지도 못했다고
얘기하셨지

저고리 옷고름 만질 때도
손이 떨려
쩔쩔맸다 하셨지

눈빛이 유독
고우셨던
우리 엄마 아부지

그렇게
사랑을 배우셨겠지

사월이 되면

사월이 되면
사월은 바쁘다

동이 트는
새벽녘이면
사월의 해님이 더 바쁘다

어제 종일
일궈논 밭이랑에

거름도 치고
종자 심고
농부님들

하늘에 기도드리면
사월의 자연은

더 아름다워지고
바쁘다

할머니 2

지금
나는 열아홉 살의
순딩한 소녀이고 싶다

눈시울엔
그리움도 묻었으면
풀의
향기도 함께

늦은 여름날
문득 피어오던
쑥부쟁이꽃처럼
청순한
그 소녀이고 싶다

그래도

그래도
좋은 마음 하나
그리곤
하얀 그리움 하나
가진 것이라곤
그뿐입니다

강원도 할매

심심산골
백두대간 끝자락

계절 계절
꽃피는 나의 정원

해묵은 나무들
늙은 할매 옆에
강아지 꽃순이랑

바람 손님
구름 친구 기다리며
해님도 사랑하죠

계절 계절
꽃피는 정원

사랑해서
사모치게 쓸쓸한
심심산골 할매

철물점 아재

5일 장날
읍사무소 지나서
철물점

쌈직하고
친절한 아재가
장사를 한다

곡괭이 하나
호미는 두 개
기다란 사리 빗자루 하나
오늘 사야 할 내 할 일

친절한 젊은 아재
나도 한참 기분이 좋다

장터에서
잔치국수 한 그릇
버스 타고
집에 온다

님 5

댕기 머리
마주 풀어야만 임인가
오다가다 만나도
정들믄 임이지

그 옛날
황진이가 읊었던 시구

청사초롱에
불 밝혀 놓고
술 한 잔에 시 한 수
우리도 임이지

냉수 한 그릇
댕기 머리 상투 꽂고
귀밑머리 쪽 찌고

서로
맞절한 임
우리도 임이지

반가워서

낯선 음악도
모처럼
반가웠던 날

외로운 그리움
날 찾아왔던 날

꿈꾸듯이
꿈을 꿉니다
반가워서

추석날

우울한 얘기
우리 사는 이 지구에
우환이 스며드나

계절이 바뀌고
강수량도 넘쳐오고
채소들이 병들고
동식물들이 힘들어하네

세상이 하도 변해서
어떤 재앙이
어떤 변화가
우리는 놀랍고 우울하네
추석날 아침 뉴스

좋은 날

이리도 좋은 날
한나절이 기울도록
햇살에
바다는 쪽빛

물새들의 날갯짓
하늘 닿도록
피어오는
하늘 꽃들의 나래

수평선 끝
빛나는 축제들
부시도록 아름답다네

아가들의 동화 속에
노래하듯

이리도 좋은 날에

노래하듯

삽니다 이리도 좋은 날

자연 4

시원하고
멋지고
자연은 그렇게 새롭다

항상
숲속의 모습도
바위들

그 옆에 핀 야생화들
바람의 빛은
더 생경하다

자연은 항상
신비하고
아름답다

이별

살았을 땐
웬수 같더이만
없으이
세상 비어버린 것은
뭐꼬

참내 별스럽네

잿더미에
묻어 둔 불쏘시개마냥
웬 수선이고

눈물은 씻고
정나미도 덮자

손자놈

묵은김치에
물 말은 밥 같이 먹던
손자놈
그놈의 고향이 되고 싶답니다

녹슨 세월
귓전에 아스라하죠
잘생긴 그놈 소식도
아스라하죠

매일 반하고
매일 즐겁던 그놈

고향 찾아올 때
대문짝에 꽃이랑
가득 심었죠

손자놈 보고잡고
그립다
이르겠소

꿈

글 짓고
수놓고
초가삼간 움막 짓고
늘그막에
유유하게

꽃님들 하고
새소리 벗하고
동녘엔 해님하고
석양엔
노을 그리고

날 가는지 모르게 살고팠지
하늘에
구름 가듯
바람 향기 취하듯이

벗님들아
노래하자 노래하자

겨울 이야기

새록새록
눈 내리던 겨울날
온 세상은
순백인 양 시리고
조용하네

쌀가루
고운 체에 내리듯이
하얗게 하얗게
시리네

티 없이
맑디맑은 고요한 평화

이 천국엔 뉘 살까

천지 간에 기인 침묵
정녕
아름다운 이 천국에
뉘 살까

인연

운명은
얄궂어서
인연이랑 어긋나죠

새벽녘의 싸아한 향기
풋풋하고
너무 해맑아서
해님의 빛은
더 빛나죠

하루의 인연
하늘의 섭리일까요

개도
소도 말을 하고
나무들

돌멩이도
얘기한다죠

인연일랑은
얄궂죠

겁쟁이

소리도 못 내는
겁 많은
나만 남았네

울지도 못하는
겁쟁이
나는 어쩔까

우거진 풀숲에
어떤 벌레가
도사릴까

비바람 몰아쳐 오믄
어디에 숨을까

겁먹은 나만

남았네

진부령

진부리에서
진부령
용대리까지 고개를 넘으면
그 하늘 아래
산야들
너무도 아름다운
산새에

사월의 나그네는
잠시
길을 잃습니다

하늘이 내린 그림
천 년을 넘게
그 모습으로
무심한 세월도

지나갔습니다

진부령로

산길 정원
계곡의 소음들이
사뭇
정갈스럽다

산 귀퉁이 돌아
바람은
잎새에 구르듯이
살고 있네

진부령로
산길 정원
깊은 수목원의 맑음이
햇살 그림자랑
어리듯이
산새들 노래에 묻혀

살고 있네

초록의 신비
진부령로 산길 정원
계곡의 물빛을 들으며
나도 지나온다

갈 수 없는 날

우리
한잔하지 않겠소
비가 오는 날에는
마주하고 싶소

얼마 전
빚어 놓은 약주 한 잔
청아하게 맑아서

이리도
갈 수 없는 날에는
마주하고 싶소

우리 한잔하지
않겠소

권력

들도 보도
못한 죄목이
세상 모두
죄인이 될 건가 보다

또 무슨 죄가 되어
수인으로

살다 살다
별일도 많다
적막강산에
정치는 왜 하려 하오

고운 꽃잎

갸네야
이 가시네야
늬만 모르더냐

곱디고운
꽃잎 지는 소리
세월 가는 소리

소리 없는
늬 안의 깊은 뜨락에
보랏빛
슬픔이 웅크렸던

갸네야
이 가시네야
물기 가득했고

향긋한 사랑 가득했고
이 가시네야
갸네야

행복한 할머니

뜨락에
쪼그려 앉아
꽃들을 보노라믄
샛노란 장미 송이들
손녀들
웃는 모습 같네

화사한 수국꽃들
옥잠화 하얀 꽃잎
손자놈의
모습일세
행복을 한 소쿠리에 담아
나만 보네

끝나지 않은
첫사랑처럼

나만 나만
웃음 나네

정분

묵은 정리의 집착 같은 것
깨져 버린 정분
정은 깨지지

살벌한
세상의 풍상 속에
담초에
어려웠을
인연의 고리

영혼이 깨질 때처럼
정은 깨지지
지레 봐왔던 수난
그래도
처음처럼 고달프지
슬픈 아픔이지

2024년 8월

나뭇가지에
날개 접고
좌정한 학의 우아한
자태로
때아닌 이 여름날에
자목련이 피고 있네

돌연변이 기후 탓인가
무더운 여름날
안채 창 너머로
귀하고
우아한 미소로
아름다운
인사를 건넨다
그나저나 반갑다

노인의 일상

무위도식 할 일 없는 생활은
내게 참 불편하다
강원도 겨울나기는 너무 춥고
실내 온도 10도 조금 더 되다 보니
몸이 괴롭다
오후 4시쯤이면 겨울의 짧은 해가
지고 있을 무렵부터
이불을 뒤집어쓰고 지낸다
산들이 높다 보니 해는 짧고
어둠이 금방 오기 때문으로
이불을 덮고 유튜브를 보거나
책을 읽을 수밖에 없다
때론 늙은 나를 개간하는 것 같다
독서는 많은 양식을 준다
발효식초 만드는 법도 글쓰기 공부도 한다
더욱 좋은 청국장 막장 담그는

연구도 된다
내 아들이 청국장 냄새도
싫어하고 먹지도 않는다
얼마나 좋은 건강식품인데
그래서 아들에게 치하받고 싶어서
강원도식 청국장 막장 연구도 해본다
글을 쓰다 보면
단어를 잊어버리곤 애를 태운다
기억력이 자꾸 없어지는 것 같아서
안타깝고 그 고통이 힘들다
내 수명이 언제까지일지 모르겠지만
앞으로는 더 망각 증세에 시달리겠지
지금 오늘은 내게 퍽이나
중요한 시간일 것이다

이름 없는 날

가난한
내 창가에
비껴 서 있는
소나무들도
주렁주렁 호도나무도
오늘은 외롭다

만났으니
이별은 해야겠지
언제일지

나도
외롭다

초여름

계절이
바뀌니
논두렁 밭두렁에
모심기
물결이 차랑차랑
농부는
바지 끈을 질끈 맨다
위대한 대지 위에
농자 천하지대본이라
아름다운 계절
설레고 설레는
초여름의
잔치이어라

찔레꽃

초여름 들녘
풀숲 사잇길에
하얗게
어우러진 찔레꽃 향내

행여
임이 오는 소리일까
하얀 속 적삼 깃에
스몄던 향기

임인 양
젖어오는
찔레꽃 향내

임 그린 아낙의
숨은 눈시울처럼

하얗게 하얗게

피어오던

찔레꽃

친구 3

내게
네가 있었구나
돌아봐도
돌아봐도
적막이었는데
어릴 적 내 친구
노파 되어 찾아와 준
나와
같은 모습
지구 한 바퀴 돌아 돌다
이제 만났구나

옛일

나더러
낭만이 없다고 했다
도대체 분위기 없는 맹탕이라고
대화도 안 된다고
물가에도 세워둘 수 없다고 했다
몇 년 전
세상 떠난 내 친구의
얘기였다

그리움

손바닥만 한
밭떼기에 고추 심고
아욱
상추 감자 심고

또랑물에 흐르는 계곡에
발 담가본다

딱새가
참새가
머루 가지에 성큼
짝을 부르네

오월 바람결에
수줍은 설렘이
노모의

그리움이 일 게다

엄마는 2

엄마 밥상이 그립다고
내 아이가
그래 줬으면 좋겠습니다

아프고 외로울 때도
엄마가
그립다 그립다
해줬으면 좋겠습니다

어두운 슬픔에 젖을 땐
엄마를
기억해 줬으면

엄마랑
막걸리 한 잔
그래 줬으면 좋겠습니다

꽃처럼

초판 1쇄 발행 2025. 9. 29.

지은이 이화자
펴낸이 김병호
펴낸곳 주식회사 바른북스

편집진행 임현정
디자인 김효나
마케팅 송송이 박수진 박하연

등록 2019년 4월 3일 제2019-000040호
주소 서울시 성동구 연무장5길 9-16, 301호 (성수동2가, 블루스톤타워)
대표전화 070-7857-9719 | **경영지원** 02-3409-9719 | **팩스** 070-7610-9820

•바른북스는 여러분의 다양한 아이디어와 원고 투고를 설레는 마음으로 기다리고 있습니다.
이메일 barunbooks21@naver.com | **원고투고** barunbooks21@naver.com
홈페이지 www.barunbooks.com | **공식 블로그** blog.naver.com/barunbooks7
공식 포스트 post.naver.com/barunbooks7 | **페이스북** facebook.com/barunbooks7

ⓒ 이화자, 2025
ISBN 979-11-7263-592-3 03810

•파본이나 잘못된 책은 구입하신 곳에서 교환해드립니다.
•이 책은 저작권법에 따라 보호를 받는 저작물이므로 무단전재 및 복제를 금지하며,
이 책 내용의 전부 및 일부를 이용하려면 반드시 저작권자와 도서출판 바른북스의 서면동의를 받아야 합니다.